AF562379

Lb40 506

8 34.

ORGANISATION
D'UN NOUVEAU
POUVOIR EXÉCUTIF,

PAR le Citoyen DUNOUY,

Dont l'impression a été ordonnée par la Section des Sans-culottes.

A PARIS,

DE L'IMPRIMERIE DE C. F. CAGNION,
Place Dauphine, N°. 31.

L'an Ier. de la République Française.

NOTE DE L'AUTEUR.

Cet ouvrage fut écrit un mois avant le dix août, jour qui, enfin, a assuré, pour toujours, la liberté à la France ; mais en renversant le traître Louis, il falloit un pouvoir exécutif qui le remplaçat, et je fis celui-ci.

ORGANISATION
D'UN NOUVEAU
POUVOIR EXÉCUTIF,

Qui liera indivisiblement toutes les parties de l'Empire sans avoir besoin de rien changer à son organisation, et qui assurera au peuple, de la manière la plus certaine, sa souveraineté, qui n'a été jusqu'à présent que chimérique, et consolidera pour jamais sa liberté.

NOTRE constitution est sublime dans ses bases; mais, se trouvant dénaturée par la révision illégale, abusive et nulle, qui en a été faite sous l'influence du drapeau rouge, et votée par deux cents quatre-vingt-dix membres qui avoient protesté contre toute la constitution, ne pourra jamais marcher, si la convention nationale n'en détruit les incohérences, et si le pouvoir exécutif, qui en est le moteur, n'en est l'ami, le soutien et le défenseur. Tant que les institutions humaines seront contre nature, loin de pouvoir subsister, elles ne pourront même s'asseoir. C'est contre nature que les loups gardent les brebis contre leurs chiens, que les voleurs soient les gardiens des trésors, et que les tyrans soient les conservateurs de la liberté. C'est aussi contre nature que notre ennemi aime ce qui lui fait du mal, et se détruise pour nous complaire. Or, c'est un grand mal pour un tyran, qu'une constitution qui entrave ou arrête ses volontés. Comment s'est-il pû faire que l'on ait osé déclarer Louis le traître le soutien et le restaurateur de la liberté, tandis que c'est contre lui que nous avons pris les armes? Comment a-t-on osé lui remettre en main le balancier qui devoit faire mouvoir toute la machine? L'on devoit bien penser qu'il ne le remueroit que peu, ou point, ou en sens contraire; et c'est ce qui est arrivé. Il a profité adroitement de tous les moyens que l'on lui a donnés, et au lieu de faire marcher la révolution, il l'a enclouée, et même fait rétrograder. Par son énorme liste civile, il a corrompu tout ce qu'il pouvoit corrompre; il a rempli d'êtres perfides les milliers de places qui étoient à sa disposition ; il ne s'est entouré que des plus cruels ennemis de la liberté ; il a suscité à la nation tous ceux qu'il a pû ; il a protégé tous les conspirateurs ; enfin, il a conspiré lui-même la perte totale de la liberté et le massacre de tous les patriotes de l'empire. Peut-être devons-nous à tant de scélératesse la crise terrible, mais salutaire, qui nous agite : et tout ce qu'il a fait, il le devoit faire, parce qu'il étoit homme et despote. Mais s'il a machiné notre perte et notre esclavage par tous les moyens possibles, il n'a pû empêcher les lumières et la philosophie de se répandre ; au contraire, ses perfidies et ses parjures multipliés ont provoqué notre réflexion et notre courage ; ils nous ont fait instruire de nos droits ; ils ont fait naître et croître l'esprit public entièrement engourdi ; ils nous ont contraint d'examiner quels étoient nos pouvoirs et nos forces ; ils nous ont forcé à calculer ce qu'il vaut intrinséquement, et ce que nous valons comparativement. Nous nous sommes demandé : qu'a donc fait cet homme, pour avoir tant de puissance et de richesses, et se trouver en même tems par son inviolabilité au-dessus de toutes les lois ? Quelle différence y a-t-il entre lui et nous ? A-t-il une taille gigantesque, un génie transcendant, des connoissances surnaturelles ? Sa forme est-elle autrement que la nôtre ? Ses facultés et ses sens sont-ils plus multipliés que les nôtres ? Est-il invulnérable, infaillible ? N'est-il pas, comme nous, sujet aux infirmités, aux maladies, à la mort ? Cet examen, qui n'est pas à son avantage, nous a persuadé qu'il étoit tems que la raison ait enfin le dessus, et qu'une bête féroce cesse de gouverner des êtres raisonnables, qu'elle a toujours regardés comme devant lui servir de pâture. Il est tems que les tyrans de la terre apprennent des Français que les peuples ne sont point leur appanage, et ne peuvent se vendre ou s'échanger comme bêtes de somme.

Cet homme dit inviolable, mais qui a tout violé, est une monstruosité politique, qu'il faut s'empresser d'étouffer, ne pouvant plus souffrir qu'aucun être soit au-dessus de la loi, et puisse tôt ou tard anéantir nos droits et notre liberté ; et Louis ne nous a que trop prouvé cette impérieuse nécessité. Il faut donc, si nous voulons être et rester libres, pourvoir très-promptement au remplacement de ce pouvoir exécutif, vicieux dans les moyens, vicieux dans la forme, et totalement contre nature : il nous en faut un qui ne puisse jamais sortir de la ligne qui lui sera tracée, sous peine de mort : sans quoi, pas de liberté ; car la première condescendance pour l'homme en place chargé d'une grande responsabilité, en nécessite ensuite une plus grande; et c'est ainsi que tous les peuples ont perdu leur liberté.

La composition du pouvoir exécutif, que je présente, ne changera rien à l'organisation de la république, que ce qui lui est relatif; et en assurant pour jamais notre liberté, il portera la nation au plus haut dégré de prospérité possible, et la souveraineté du peuple ne sera plus alors un vain titre.

Pour le former, il sera nommé un député *ad hoc* par département, mais individuellement, et non par délégués : et pour que l'intrigue n'ait aucune part à ce choix d'aucune manière que ce soit, chaque département convoquera toutes les assemblées de son arrondissement, soit communes dans les campagnes ou sections dans les villes, et leur fera passer avec le motif de leur convocation, l'énumération des vertus et des talens que devront avoir les candidats, telles qu'une probité à toute épreuve, un caractère ferme et résolu, avoir été constamment les amis et défenseurs de la révolution et de la liberté, une capacité connue dans leurs diverses opérations, soit commerciales ou autres ; alors chaque assemblée for-

[library stamp]

mera une liste de tous ceux qu'elle croira capables de remplir cette pénible et honorable fonction.

Lorsque chaque liste sera faite, elles seront toutes envoyées au département, avec la demeure et l'état de chacun ; et le département ne formera du tout qu'une seule liste, qu'il renverra à toutes les assemblées. Alors chaque commune dans les campagnes et sections dans les villes s'assembleront constamment pour discuter les candidats l'un après l'autre. Là, chacun sera libre de dire tout ce qu'il saura contre eux, avec preuve, à mesure qu'ils seront scrutés ; et jusqu'à un manque de délicatesse dans le commerce de la vie, sera un motif de radiation de la liste.

Cette radiation ne pourra être un déshonneur, puisque ce n'est point un crime d'avoir moins de capacité, de talens ou de caractère qu'un autre, et que ces scrutins ne tendront qu'à chercher et à approcher le plus possible de la perfection dans les individus : chacun, d'ailleurs, devra être d'autant plus sévère, qu'il ne faudra qu'un membre par département, et que de sa capacité et de sa moralité dépendra le bonheur de l'empire.

Lorsqu'une assemblée aura trouvé des motifs raisonnables de rayer un candidat de la liste, elle le fera savoir aussitôt au département, qui le fera connoître à mesure à chaque assemblée de son arrondissement ; et lorsque la liste ne sera plus que de douze noms, elle ne sera plus discutée que dans les chefs-lieux de districts ; mais les habitans des communes d'alentour, en en justifiant, pourront venir participer à la discussion.

Lorsque la liste sera réduite à trois noms, les candidats ne seront plus discutés que dans le chef-lieu de département, toujours en comparant les talens et les différens moyens physiques et moraux de chacun, afin de tomber, s'il est possible, au plus parfait.

Il sera absolument indifférent de quel état sera le membre qui emportera l'entière opinion des suffrages, pourvu qu'il ait une probité pure, du caractère et une capacité connue. Il vaudra toujours mieux que tous ceux qui ont rempli le ministère jusqu'à présent, à qui il ne falloit d'autres talens pour y parvenir et y rester, que de réunir tous les vices, de servir le despote et de haïr le peuple.

Avant que de remettre la copie du procès-verbal au membre qui aura remporté tous les suffrages, il lui sera fait lecture de la rigueur des devoirs auxquels il sera assujetti, dans le cas où par le sort il feroit partie du pouvoir exécutif; afin que s'il ne se sentoit pas la conscience assez pure, ou assez de capacité, ou enfin le courage nécessaire, il puisse renoncer à cet honneur.

Les quatre-vingt-trois députés ayant accepté, se rendront à Paris, au sein du corps législatif; et lorsqu'ils y seront tous réunis, les quatre-vingt-trois noms seront mis dans une urne, et le premier enfant que l'on trouvera sera pris pour en tirer vingt-quatre l'un après l'autre.

Les vingt-quatre personnes désignées par les vingt-quatre noms, se réuniront dans le milieu de la salle, et le président de l'assemblée leur fera lecture des obligations et des devoirs qu'ils auront à remplir, et de la peine de mort prononcée contre la première violation de la loi ou le premier abus du pouvoir, sans qu'il soit besoin d'autre jugement que la preuve du délit qu'ils auront signé.

Sur cette preuve communiquée à l'assemblée, le président prononcera l'ordre d'exécuter la loi, et aussitôt la force publique fera enlever le délinquant, en quelqu'endroit qu'il soit, pour la faire exécuter.

Lorsque les vingt-quatre membres auront accepté la place de membre du pouvoir exécutif, le président leur remettra à chacun une large médaille d'or, qu'ils seront obligés de porter d'une manière très-apparente, et sur laquelle sera gravé d'un côté : *La nation m'a fait ce que je suis ;* et de l'autre, six haches d'armes réunies en faisceaux liés et couronnés de feuilles de chêne, avec cette devise : *Qui nous a réunis, pourra nous rompre.* Sur le cordon : *Liberté Française,* avec la date du jour où elle aura été si formellement consolidée.

Les vingt-quatre membres que le sort aura désignés pour former le pouvoir exécutif, se partageront les six ministères, selon le genre de connoissances et de talens dont ils se connoîtront susceptibles.

Les quatre membres de chaque ministère se partageront également les opérations, de manière qu'ils ne seront individuellement que chefs de bureaux ; mais réunis, formeront le ministre, dont chacun aura la signature successivement pendant trois mois ; mais que les trois autres garantiront, étant responsable solidairement l'un pour l'autre.

Les vingt-quatre membres réunis en conseil, formeront le pouvoir exécutif. C'est dans ce conseil que se partageront toutes les opérations de la république. Un seul aura la signature ; mais avant que de signer, il faudra qu'elle soit approuvée par une délibération préalable du conseil, devant les engager solidairement l'un pour l'autre.

Pour que cettte signature soit valable dans le conseil comme dans chaque ministère, il faudra qu'elle ait les trois quarts des voix.

La signature ne sera nécessaire au conseil, que lorsqu'il y aura concordance de plusieurs ministères; car lorsqu'une opération ne regardera qu'un seul ministère, il sera seul responsable.

Un des membres aura successivement la signature pendant deux mois; de cette manière, les six ministres auront été en fonctions dans l'année; et dans les quatre ans, les vingt-quatre membres y auront été.

Ils ne pourront remplir ces fonctions plus de quatre ans, et ne pourront être réélus qu'après le même laps de tems. Aucune considération ne pourra enfreindre cette loi.

Dans la première formation, il sortira au sort, au bout de deux ans, deux membres par ministère, et le sort décidera également de ceux qui devront les remplacer dans les cinquante-neuf autres restant des quatre-vingt-trois.

Ceux qui n'auront pas participé au ministère dans l'espace des quatre ans, pourront être réélus par leur département.

Aucun membre de l'assemblée constituante ni de celle législative ne pourront être élus à cette première nomination.

Les émolumens de ce pouvoir exécutif seront de cent mille livres par individu par an, ce qui fera en somme celle de 2,400,000 livres.

Il sera également tiré au sort dans les cinquante-neuf membres restant, vingt-quatre individus, pour servir de principal secrétaire à chacun des membres du pouvoir exécutif, et leurs émolumens seront de 10,000 livres par an.

Le pouvoir exécutif aura la plus grande autorité sur toutes les administrations qui correspondront directement avec lui. Il les rendra responsables de la non-exécution ou de la détérioration des ordres donnés sous sa garantie, afin d'être certain que ses travaux ne seront point infructueux.

Chaque administration aura la même autorité sur tous leurs en sous-ordre ; car sans cette sévérité, le gouvernement ne pourra s'asseoir, et l'ordre ne pourra revenir. Que l'on ne craigne pas d'abus de pouvoirs ; puisque, le premier prouvé, n'importe de qui, sera aussitôt puni de mort.

D'après une réflexion que m'a communiqueé

le citoyen Robert, j'ai cru devoir en tirer parti, ce plan n'étant point encore imprimé. La voici :

Le ministre de la guerre, qui a besoin de la plus grande célérité dans ses combinaisons et ses opérations, ne pourra remplir ses fonctions qu'avec lenteur én tems de guerre, s'il est nécessaire de l'accord des quatre membres pour chacune d'elles.

Voici ce que m'a suggéré cette sage réflexion : d'abord, chaque ministère remplissant parfaitement ses fonctions, il sera complettement pourvu à tout avant que d'être en état de guerre ; ensuite, c'est que de telle célérité qu'il soit nécessaire dans les combinaisons de ce ministère, il faut au moins la réflexion pour combiner sagement, et les réflexions de quatre personnes seront toujours plus sages que celles d'une seule ; mais cependant, pour que les choses aillent aussi vite qu'il est possible qu'elles aillent ; lorsque l'assemblée nationale aura déclaré que la nation est en état de guerre, alors les quatre membres de ce minstère se partageront les diverses opérations, de manière que pendant tout ce-tems, ils agiront seuls, chacun dans leur partie. Un sera chargé des réparations et reconstructions des forteresses, ainsi que d'en completter les garnisons ; un autre sera chargé des vivres et fourages, ainsi que de l'avitaillement des places en munitions de bouche et fourages; un troisième sera chargé du complément des régimens, tant d'infanterie que de cavalerie, de leur habillement, et de la remonte des chevaux; le quatrième sera chargé de l'artillerie, de ses chevaux et bagages, des armes de toute espèce, et des munitions de guerre.

Par cette séparation, chacun mettra dans ses opérations toute la célérité possible; et aucun ne pourra éviter la responsabilité, si nécessaire dans un gouvernement représentatif.

Mais, dira-t-on, les membres du pouvoir exécutif seront chargés d'une grande, d'une terrible responsabilité; l'homme est sujet à l'erreur parcequ'il est homme: comment distinguer l'erreur du crime?

Je vais résoudre cette objection; car il ne faut pas que ceux qui feront partie du pouvoir exécutif soient arrêtés dans leurs opérations par cette crainte.

Sans doute, l'homme est sujet à l'erreur; mais comme il n'y aura pas qu'un seul homme par ministère ou pour le pouvoir exécutif, il seroit bien étonnant qu'ils adoptassent tous la même erreur avant que d'approuver la signature, étant solidaires l'un pour l'autre. Ils délibéreront, ils réfléchiront, et n'approuveront qu'avec connoissance de cause : alors ils ne pourront feindre ignorance et rejetter le crime sur l'erreur; alors ils seront chargés de toute la responsabilité. Si l'on laissoit ainsi un échappatoire aux prévaricateurs, les plus grands crimes ne seroient à leurs yeux que des erreurs.

DUNOUY, Ingénieur,
ennemi de tous les tyrans.

BIBLIOTHÈQUE ROYALE

BIBLIOTHEQUE NATIONALE DE FRANCE
3 7531 03963478 8

www.ingramcontent.com/pod-product-compliance
Lightning Source LLC
LaVergne TN
LVHW010318230826
846091LV00009B/3723

* 9 7 8 2 0 1 9 2 5 0 8 6 7 *